Sopro Novo Yamaha

Caderno de flauta doce soprano

Nº Cat.: 379-M

Irmãos Vitale Editores Ltda.
vitale.com.br
Rua Raposo Tavares, 85 São Paulo SP
CEP: 04704-110 editora@vitale.com.br Tel.: 11 5081-9499

© Copyright 2006 by Irmãos Vitale Editores Ltda. - São Paulo - Rio de Janeiro - Brasil.
Todos os direitos autorais reservados para todos os países. *All rights reserved.*

CIP-BRASIL. CATALOGAÇÃO NA FONTE
SINDICATO NACIONAL DOS EDITORES DE LIVROS - RJ.

---

s687

Sopro novo Yamaha : caderno de flauta doce soprano
- Rio de Janeiro : Irmãos Vitale, 2006

ISBN nº 85-7407-206-0
ISBN nº 978-85-7407-206-7

1. Flauta doce - Instrução e estudo.
2. Flauta doce - Métodos.
   I. Yamaha Musical do Brasil.
   I. Título: Caderno de flauta doce soprano

05-3867   CDD 788.5
                                 CDU 788.5

CRÉDITOS

Diagramação/ Capa: Débora Freitas

Coordenação editorial: Claudio Hodnik / Flávio Carrara De Capua

Revisão de texto: Maria Helena G. Pereira

Revisão: Cristal Angélica Velloso / Cláudia Freixedas

Coordenação do Projeto Sopro Novo: Cristal Angélica Velloso

Produção executiva: Kenichi Matsushiro (Presidente da Yamaha Musical do Brasil) /
            Fernando Vitale

GRAVAÇÃO

Flauta doce soprano: Cristal Angélica Velloso

Teclado: Selma Garde Góes de Oliveira

Engenheiro de som: Aldo Werner Linares

Percussão: Cristal Angélica Velloso

Gerente artística: Cristal Angélica Velloso

ÍNDICE

	Página	Áudio	Playback
Il Trotto (música de introdução)		01	
Dicas e sugestões	05		
A Flauta doce	06		
Tocar a Flauta doce (postura)	09		
Respiração/Articulação	10		
Terminações/Digitação/Afinação	11		
Conhecimentos básicos de música	12		
O som do Si	16	02	
Agora mudaremos o rítmo	17	03	
O som do Lá	17	04	
Rima	18	05	
Pon, pon, pon	18	06	
O som do Sol	18		
Com meu martelo	19	07	
Clarão da Lua	19	08	09
Boa tarde, meus meninos	20	10	11
A ovelha de Maria	21	12	13
O som do Dó	22	14	
Barcarola	23	15	16
Neve	24	17	18
Baile	26	19	20
Baixando à Baía	28	21	22
O som do Ré	29	23	
Inverno adeus	30	24	25
A ovelha da Maria	31	26	27
Hino à alegria	32	28	29
Cuco	33	30	31
Festa	34	32	33
A marcha dos santos	36	34	35
Jingle Bell	38	36	37
Ave-Maria	40	38	39
As abelhinhas	42	40	41
O som do Fá	43	42	
A ovelha de Maria	44	43	44
O som do Si bemol	45	45	
O coro das rãs	46	46	47
Brilha, brilha estrelinha	47	48	49
Marcha dos cachorrinhos	48	50	51
Os sons do Mi e Ré graves	49	52	
Dança da neve	50	53	54
Passagens difíceis	52	55	
O som do Mi agudo	52	56	
A ovelha de Maria	53	57	58
Frère Jacques	54	59	60
O agricultor feliz	55	61	62
Jarrito Marrón	56	63	64
Faz muito, muito tempo	58	65	66
My Bonnie	59	67	68
Tabela de digitação	60		
Dicas de instrumentos para acompanhamento	61		

Arquivos de áudio *play-a-long* em MP3 estão disponíveis para *download* gratuito em:

vitale.com.br/downloads/audios/379-M.zip

ou através do escaneamento do código abaixo:

Obs.: Caso necessário, instale um software de descompactação de arquivos.

Dicas e sugestões para o ensino da flauta doce na Escola

Este texto para professores aborda pontos básicos sobre FLAUTA DOCE.
É importante que os alunos pratiquem sozinhos. Assim aprenderão a tocar de forma correta, buscando um som perfeito.

Ajustar a força e o sopro.

O professor deve demonstrar a forma apropriada de assoprar forte e fraco, para que os alunos comparem e percebam a diferença.

Ensinar a utilização da língua

Sopre na palma da mão falando "Tu- Tu- Tu" para sentir o efeito do ar.
Peça para os alunos acompanharem.
Tome cuidado para que alguns alunos não façam "Hu-Hu-Hu".

(Diga para os alunos)
Se estiverem fazendo certo (assoprando corretamente), poderão tocar diferentes sons com a FLAUTA DOCE, seguindo o professor e mudando os ritmos.

Pratique "Rima" e "Pon, Pon, Pon".

A prática poderá ser realizada como demonstrado a seguir:

1. Cante com as notas.
2. Cante com as notas utilizando a digitação (a mesma digitação que você toca).
3. Cante fazendo Tu- Tu- Tu e a digitação.
4. Toque a melodia na FLAUTA DOCE.

O professor poderá partir para o ensino da nota Sol e praticar repetidamente a lição anterior.
* *A música "Clarão da Lua" pode ser tocada com três notas Si, Lá, Sol.*

Se possível tente encontrar outra música com três notas e pratique repetidamente.

Exemplo

Pratique com variações (mude o acompanhamento, adicione percussão, palmas e canto). Divida os em vários grupos e faça-os tocar um de cada vez, variando ritmo, tempo etc.

* *O objetivo é assoprar com clareza e produzir um belo som. Não é necessário que seja rápido, e pratique o quanto for necessário.*
* *Confirme se os alunos estão seguindo-o e assimilando os pontos básicos.*

Pontos a confirmar:
• As mãos não estão abaixadas.
• A digitação está correta.
• Seguram a FLAUTA DOCE com a mão esquerda em cima.
• Assopram com a força apropriada.
• Fazem uso correto da língua.

* *Deixe o aluno escolher e tocar uma música individualmente (algo já aprendido).*
* *Não se trata de um teste. Não os obrigue a tocar. Pergunte quem gostaria de apresentar-se. Obrigá-los poderá causar descontentamento e perda de interesse pela música.*

Qualquer música até a página 41 poderá ser tocada somente com a mão esquerda, como "Sol", "Lá", "Si", "Dó", "Ré".

* *Você poderá tocar essas músicas em um concerto estudantil com arranjo ou acompanhamento.*

• O professor deve considerar os instrumentos musicais adicionais no arranjo, como por exemplo a utilização de tamborim, triângulo, castanholas, sinos ou qualquer outro tipo de percussão. Se isso for possível, tornará a música mais interessante e excitante.

* *Comece a utilizar a mão direita a partir da página 43, em "O som do Fá".*

• O professor deve entender a diferença entre os estilos Barroco e Germânico. É fundamental saber a diferença mesmo tocando em um só estilo.

• O Professor deve pegar os pontos mais difíceis da canção e treinar junto com os alunos antecipadamente.

• Quando aparecer a nota "Mi" aguda, confirme a digitação do polegar. Faça-os praticarem em grupos e deixe-os ensinar uns aos outros nos respectivos grupos.

• Preste a atenção aos alunos menos avançados (o ano inteiro). Pratique e motive-os. O ensino deve estar ao alcance de todos os alunos.

• A lição deve ser prazerosa. Forçá-los causará desinteresse. Tente dar uma aula que suscite curiosidade nos ensinamentos da FLAUTA DOCE.

1 A Flauta Doce

1-1. História da flauta doce

Idade Média:
Foi no século XII que a flauta doce de madeira apareceu pela primeira vez na história da música.
Era utilizada para tocar canções, acompanhando as danças nos bailes e a música religiosa.

Renascimento:
Durante este período os compositores não precisavam especificar os instrumentos que utilizariam em sua música. Existe um grande repertório de música coral arranjada para flauta doce.

Barroco:
A flauta doce foi muito usada como instrumento solista. Os compositores se empenharam em compor para diversos instrumentos.

Clássico:
A orquestra como a conhecemos agora surgiu nesse período. A flauta doce deixou de ser usada porque a flauta transversal tomou o seu lugar.

Romântico:
Não foram compostas peças relevantes nesse período.

Moderno:
A flauta doce reapareceu no cenário musical graças à música barroca. Hoje em dia faz parte fundamental de muitos sistemas educativos.

1-2. Família da flauta doce

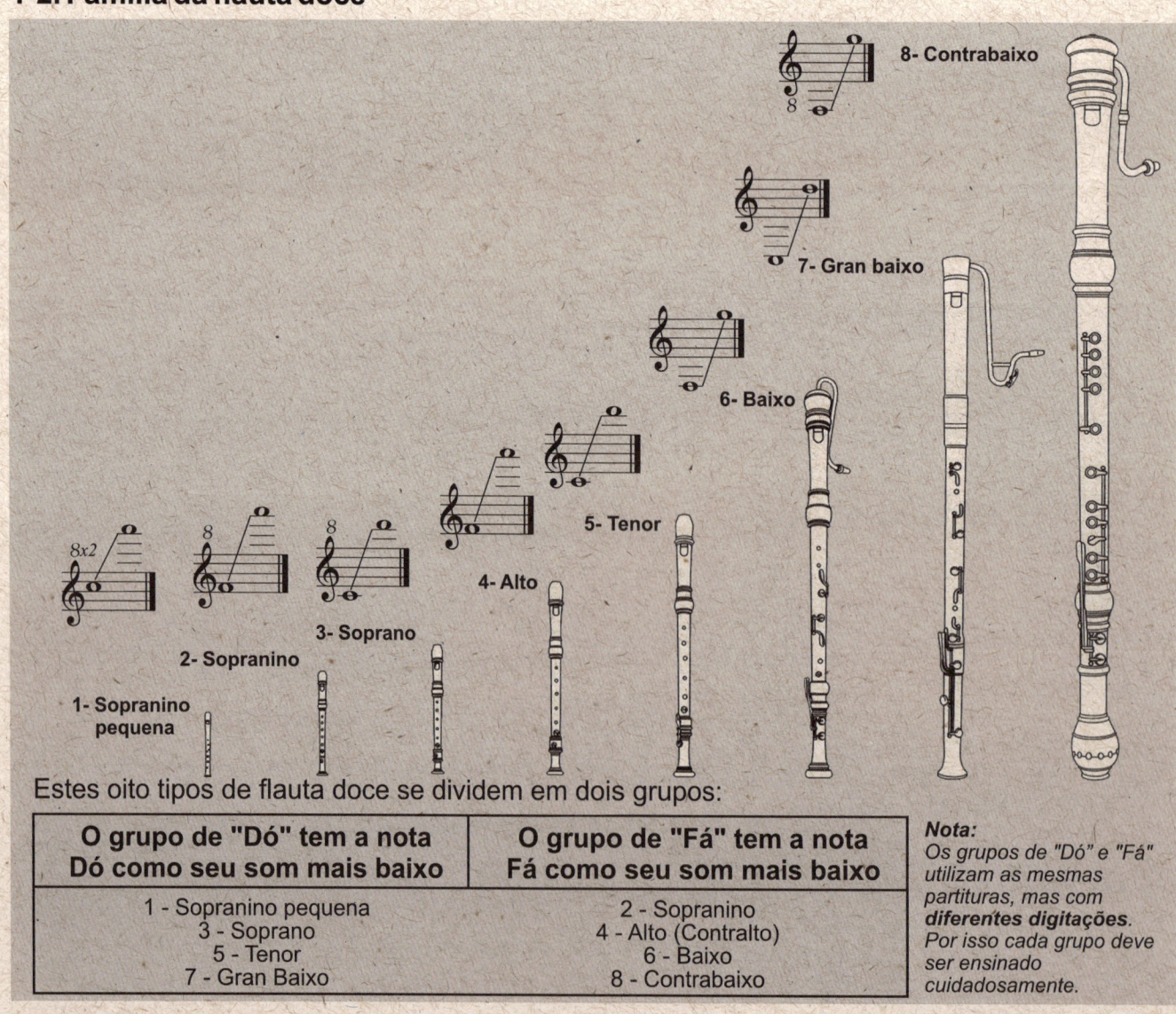

Estes oito tipos de flauta doce se dividem em dois grupos:

O grupo de "Dó" tem a nota Dó como seu som mais baixo	O grupo de "Fá" tem a nota Fá como seu som mais baixo
1 - Sopranino pequena	2 - Sopranino
3 - Soprano	4 - Alto (Contralto)
5 - Tenor	6 - Baixo
7 - Gran Baixo	8 - Contrabaixo

Nota:
Os grupos de "Dó" e "Fá" utilizam as mesmas partituras, mas com **diferentes digitações**. Por isso cada grupo deve ser ensinado cuidadosamente.

1 A Flauta Doce

A extensão dos oito tipos de flauta doce
Pela seguinte ilustração podemos concluir que as flautas doce combinadas cobrem uma grande extensão (tessitura).

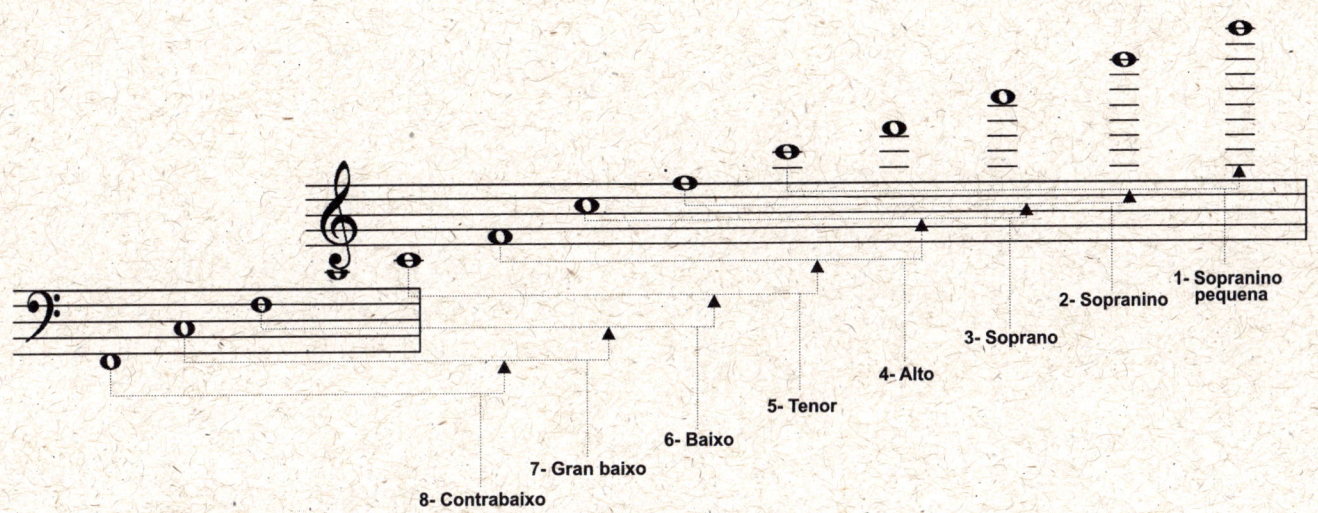

Estilo barroco (estilo inglês)

É uma flauta doce na qual se toca com uma digitação original. Foi bastante utilizada no período barroco.
• Algumas flautas doce têm um "8" ou um "E" na sua parte posterior, indicando que são tocadas com a digitação estilo barroco.

Estilo alemão

Este tipo de flauta doce é mais recente. A digitação mudou quando ela ressurgiu.
• Algumas flautas doce têm um "G" ou um "A" na sua parte posterior, indicando que são tocadas com a digitação estilo alemão.

Nota: É necessário saber qual o tipo de flauta doce utilizada por você e seus alunos, Porque a digitação barroca é diferente da germânica

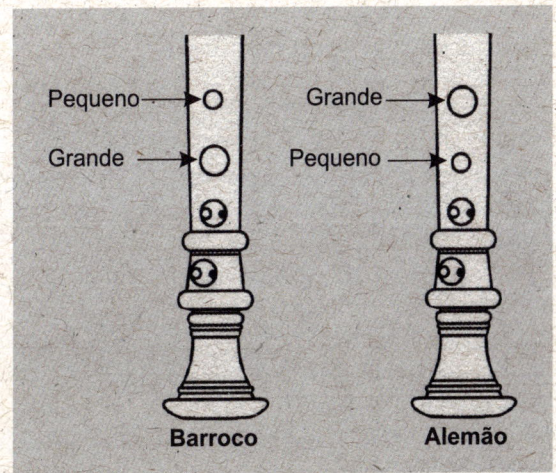

Nota-se a grande diferença entre os furos.

1 A Flauta Doce

1-3. Partes da flauta doce

Nomes de cada parte e os furos da flauta doce

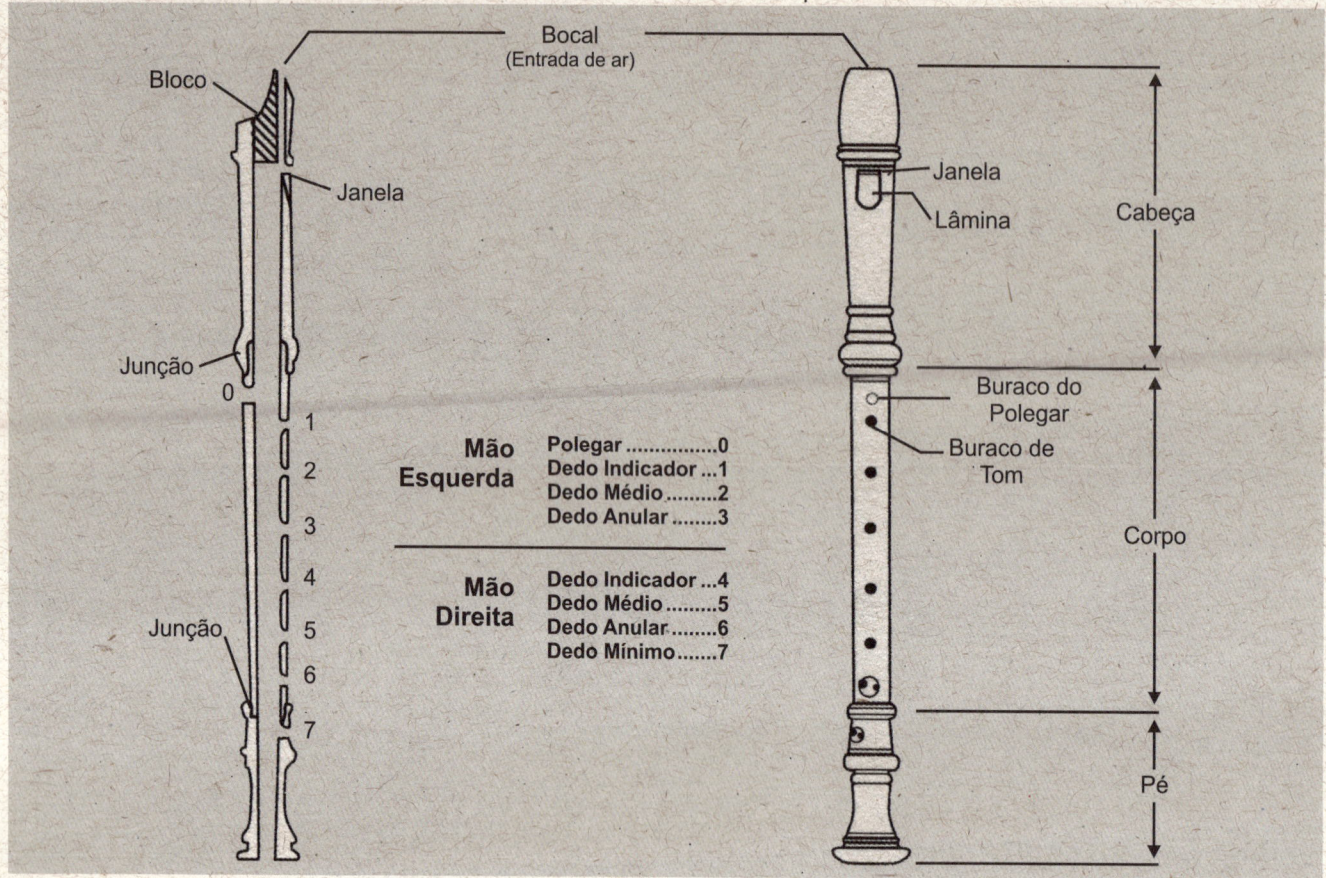

1-4. Dicas de uso e manutenção

Flautas de resina ou plástico:

- Lave as mãos e a boca antes de tocar.
- Se alguém tocou antes de você, vale a pena lavar com detergente neutro. Principalmente o bocal.
- Após utilizá-la, seque-a com um pano absorvente (fralda de pano, por exemplo).
- Caso os encaixes estejam duros, pode lubrificá-los com o creme que acompanha a flauta. Não use vaselina convencional, pois é a base de petróleo e pode danificar a resina.
- Guarde-a dentro do estojo em local seco e fora do alcance do sol.

Lembre-se: seu instrumento é de resina! Evite derruba-lo no chão.

Flautas de madeira

- Lave as mãos e a boca antes de tocar.
- Não é permitido lavar a flautas de madeira; limpe-as com um pano seco por dentro e utilize outro para limpá-la por fora.
- Por uma questão de higiene e saúde, evite empresta-la. A flauta é um instrumento muito pessoal.
- Guarde-a dentro do estojo em local seco. Para evitar a umidade dentro do estojo, utilize um saquinho de sílica gel.
- Se sua flauta é nova, é muito bom amaciá-la antes de tocá-la por muito tempo. Sugiro os seguintes procedimentos:

1. Passe um algodão embebido em óleo de amêndoa doce em todo o instrumento (por dentro e por fora) e deixe até o dia seguinte em lugar arejado e seco.

2. No dia seguinte, tire o excesso de óleo com um pano seco e repita o processo.

3. Comece tocando aproximadamente 10 minutos por dia, durante 3 dias, e vá aumentando o tempo a cada 3 dias até completar 45 minutos.

Desta maneira, você aumentará o tempo de vida de seus instrumentos! As Flautas Doce Yamaha agradecem o carinho.

2 TOCAR A FLAUTA DOCE

2-1. Postura correta e como segurar a flauta doce adequadamente

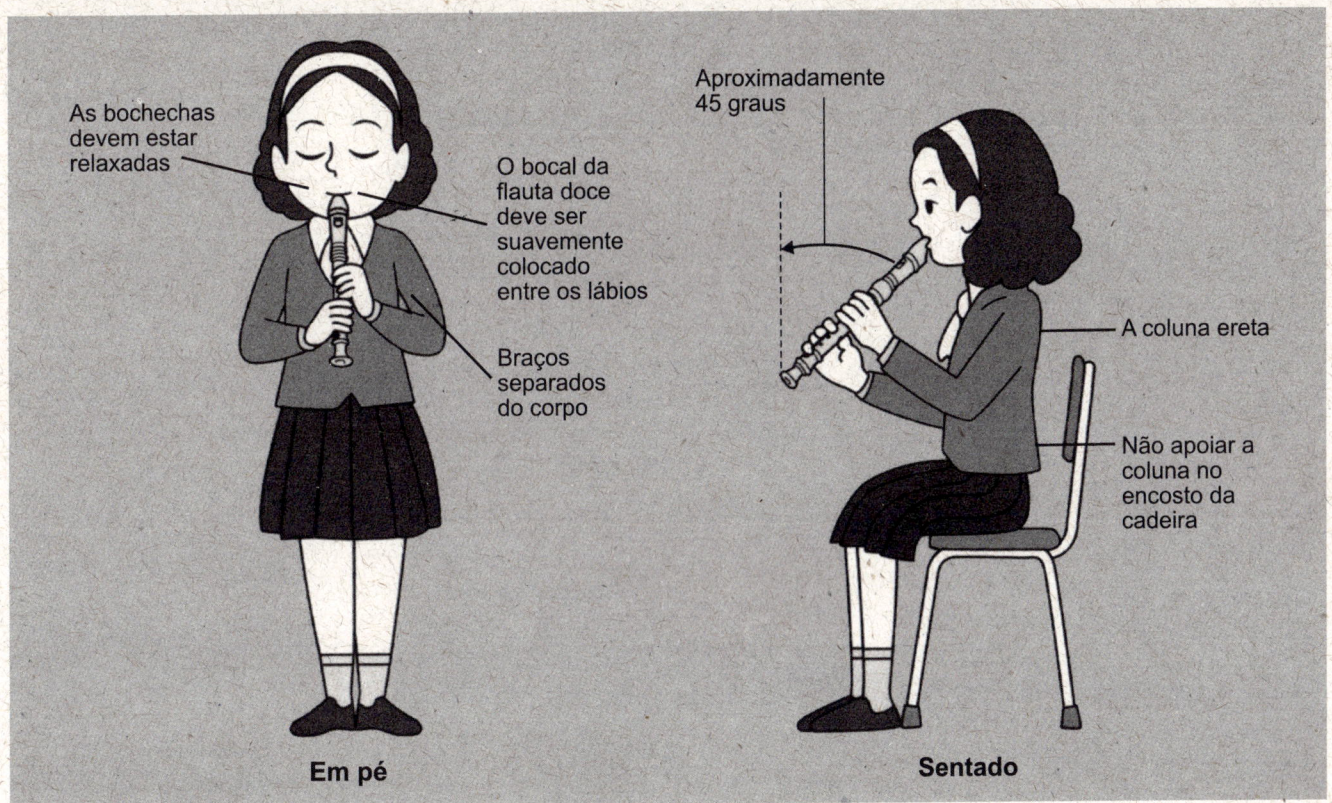

Em pé — Sentado

- Sente-se em posição ereta
- Levante um pouco os cotovelos
- Quando estiver sentado, apóie firmemente os pés no chão e não encoste na cadeira
- Relaxe e solte os ombros
- Olhe sempre para a frente enquanto toca

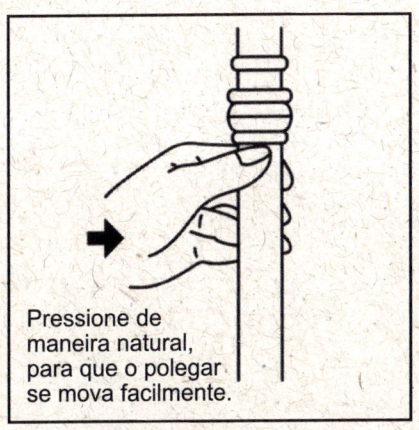

Mão esquerda (acima)

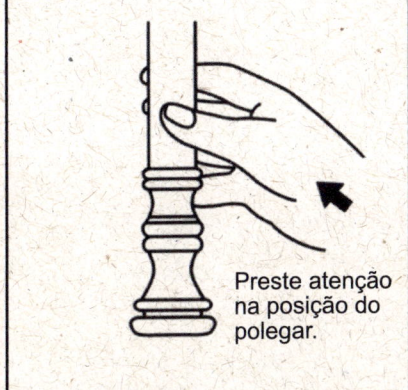

Mão direita (embaixo)

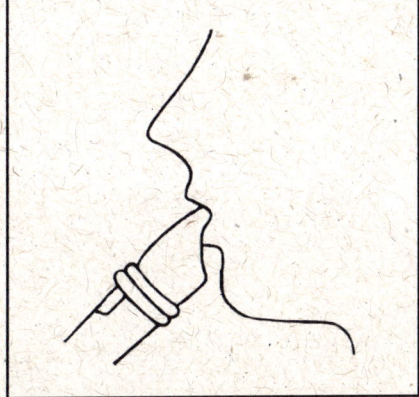

Soprando corretamente
Assegure-se de que seus alunos coloquem suavemente o bocal entre os lábios.

Coloque sempre sua mão esquerda em cima!

Nota: Alguns alunos tocam a flauta doce com as mãos em posição invertida (a direita em cima e a esquerda embaixo).
Este é um mau hábito adquirido desde os primeiros contatos com a flauta doce. Deve-se ensinar como colocar as mãos (como mostrado anteriormente), mesmo quando o aluno é canhoto.

2 Tocar a Flauta Doce

2-2. Respiração

É muito fácil produzir sons com a flauta doce. Todavia, é difícil conseguir um bom som; isso depende da respiração e da pressão do ar.
Nada é mais belo que um som musical, mas como consegui-lo? É fundamental conhecer os elementos que o compõem.

1. Aspirar
Aspire de tal maneira que seu abdome infle, mas não levante os ombros.

2. Segurando a respiração
Não espire imediatamente, contenha o ar com seus músculos abdominais.

3. Espirar
Sopre suave e lentamente, como se estivesse fazendo bolinhas de sabão.

Escute atentamente a nota e perceba se o som é agradável.

- O ar deve passar de maneira natural pela garganta e pela boca, e não bruscamente através dos dentes.
- Se há água acumulada na entrada do ar, não será possível conseguir um bom som. Se isso acontecer durante a execução, sopre fortemente na pausa tampando a janela da flauta.

Tocar sons graves e agudos requer diferentes pressões de ar. Quando tocar sons graves sopre o mais levemente possível e quando tocar sons agudos, sopre com um pouco mais de intensidade.

2-3. Articulação

A língua é utilizada para produzir e deter (parar) o som em qualquer instrumento de sopro, não só na flauta doce. Isto se chama articulação da língua e normalmente se articula dizendo "tu" ou "du".
A articulação da língua pode ser de várias maneiras, dependendo da interpretação desejada. Confira na tabela abaixo as diferentes formas de articular a língua.

• Alguns alunos articulam a língua produzindo um som "ku ku ku" na garganta em vez de "tu" ou "du" produzido pela língua. Não recomendamos o uso de articulação dupla antes que tenham dominado as articulações simples.

A articulação simples é diferente da articulação dupla. Produz sons diferentes, dependendo de como a nota se conecta ou se separa da outra nota.
Se duas notas estiverem ligadas somente a primeira se articula com a língua.

Consoante \ Vogal	a	e	i	o	u
t	ta	te	ti	to	tu
d	da	de	di	do	du
l	la	le	li	lo	lu
k*	(ka	ke	ki	ko	ku)

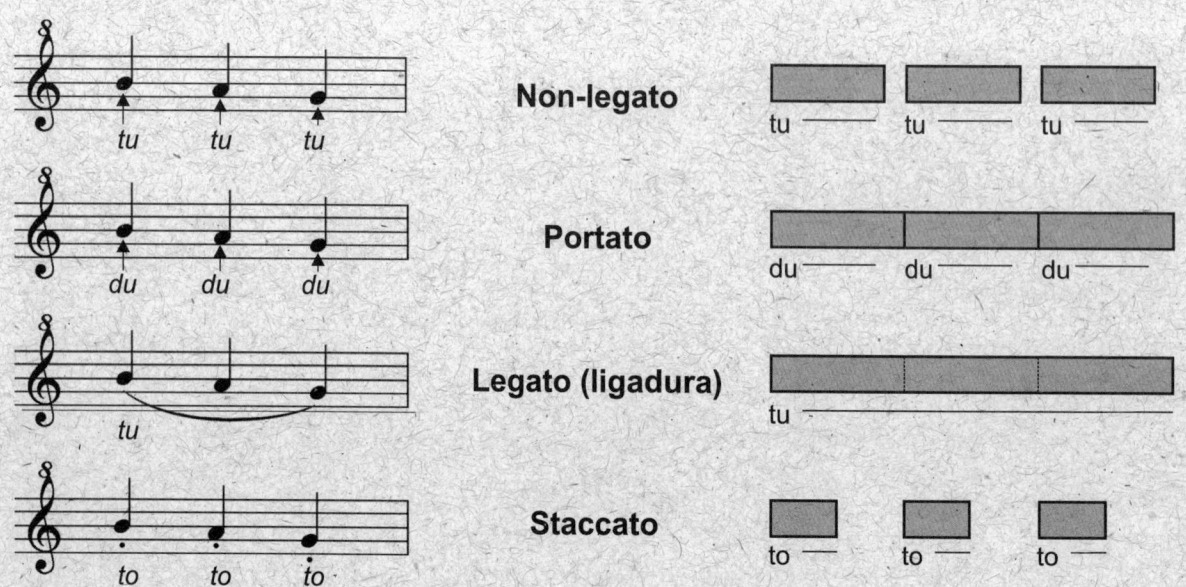

2 Tocar a Flauta Doce

2-4. Terminações

(1) Usando a língua
O som termina voltando a língua à posição original contra a parte posterior dos dentes depois de dizer "tu". Com esse método, o som termina instantaneamente. Recomenda-se este método, para peças nas quais é necessária uma articulação clara e precisa.

(2) Abrindo a boca
O som termina quando se abre a boca e espira ao mesmo tempo. Este método é usado para terminar com ressonâncias. Não se recomenda abrir demasiadamente a boca para aplicar esse método.

2-5. Digitação do polegar

Para conseguir um Mi agudo e notas mais agudas, dobramos o polegar e tapamos o furo posterior com a unha do polegar. O furo deve ficar quase totalmente coberto, permanecendo apenas uma abertura muito pequena.

Se deixarmos o furo muito aberto, será muito difícil conseguir notas agudas.

O furo do dedo polegar
(parte posterior da flauta barroca)

Dobrar o polegar
Movemos o polegar de forma a tapar o orifício com a unha. É o mesmo movimento que fazemos para tirar uma fita ou etiqueta adesiva, ou seja, dobra-se a primeira falange do polegar.

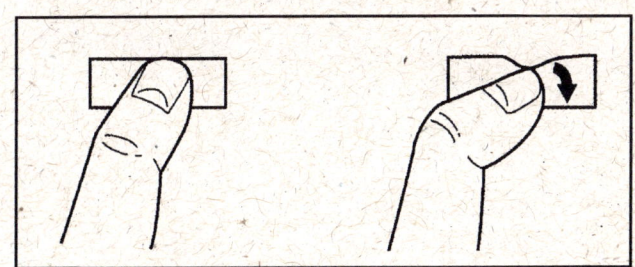

2-6. Afinação da flauta doce

A flauta doce se afina girando ou empurrando a junção superior. Se você tiver mais de 40 alunos na sala de aula, será difícil afiná-las individualmente. Se todas as flautas forem da mesma marca, os alunos deverão ser capazes de afiná-las controlando a pressão do ar. As flautas afinadas produzem melhor som com melhor reverberação.

A afinação pode mudar, dependendo da temperatura ambiente. Na flauta doce, o tom abaixa se a temperatura for baixa e vice-versa.

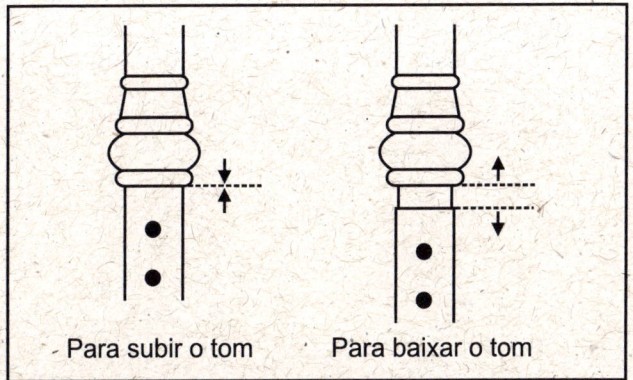

Para subir o tom   Para baixar o tom

3 Conhecimentos básicos de música

3-1. O pentagrama e a clave de sol

Esta é a extensão de sons que se pode produzir com uma flauta doce soprano.

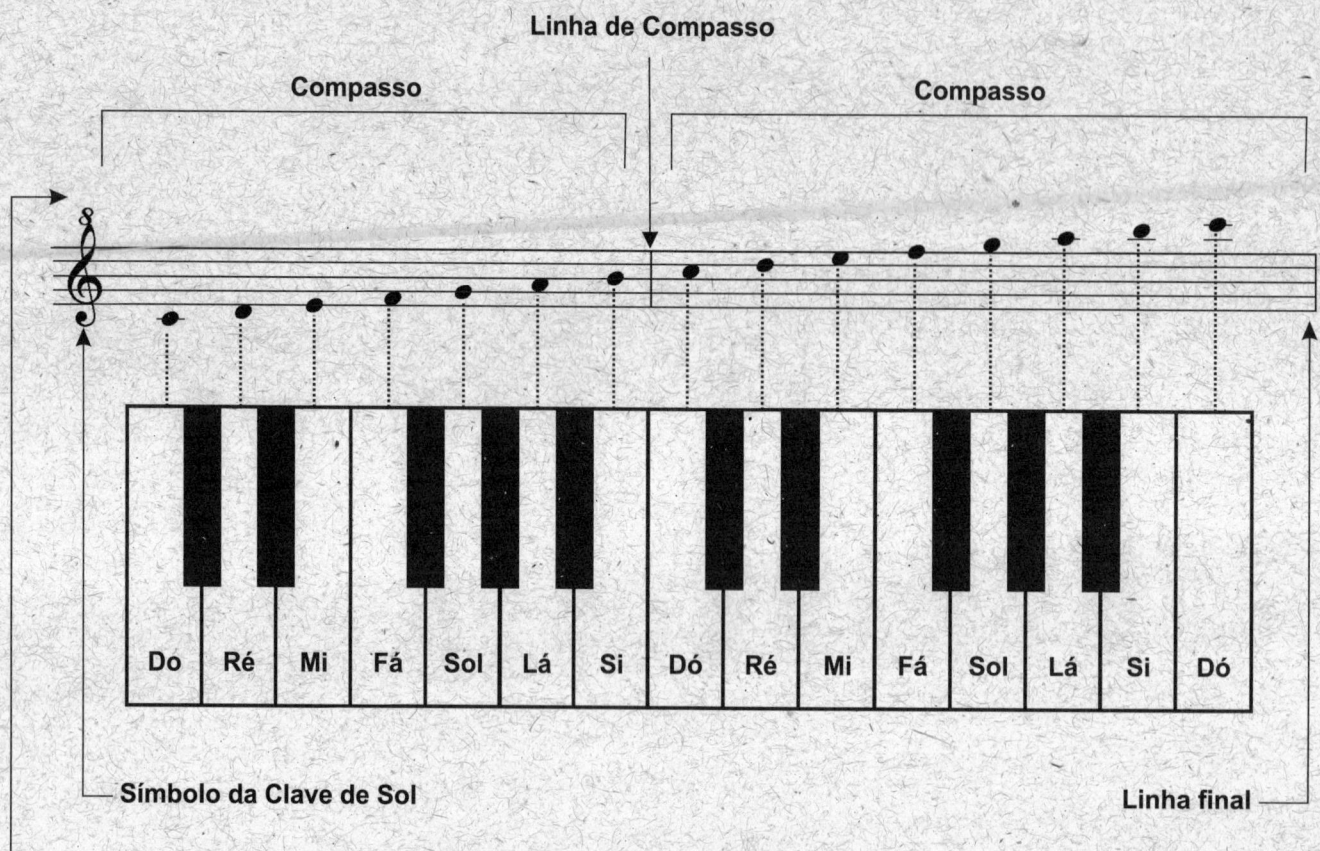

As partituras para flauta doce soprano mostram "8va" ou "8". Isto significa que o som produzido é uma oitava acima da nota escrita na partitura.

3. Conhecimentos básicos de música

3-2. Duração dos sons e das pausas

Notas			Silêncios		
Nota	Nome	Exemplo de proporção	Pausa	Nome	Exemplo de proporção
𝅝	Semibreve	♩ + ♩ + ♩ + ♩	▬	Pausa de Semibreve	𝄽 + 𝄽 + 𝄽 + 𝄽
𝅗𝅥	Mínima	♩ + ♩	▬	Pausa de Mínima	𝄽 + 𝄽
♩	Semínima	♪ + ♪ = ♩	𝄽	Pausa de Semínima	𝄾 + 𝄾 = 𝄽
♪	Colcheia	♫ + ♫ = ♪	𝄾	Pausa de Colcheia	𝄾 + 𝄾 = 𝄾
𝅘𝅥𝅯	Semicolcheia	𝅘𝅥𝅯 + 𝅘𝅥𝅯 + 𝅘𝅥𝅯 + 𝅘𝅥𝅯 = ♩	𝄿	Pausa de Semicolcheia	𝄿 + 𝄿 + 𝄿 + 𝄿 = 𝄽
𝅝.	Semibreve pontuada	𝅗𝅥 + 𝅗𝅥 + 𝅗𝅥	▬.	Pausa de Semibreve Pontuada	▬ + ▬ + ▬
𝅗𝅥.	Mínima pontuada	♩ + ♩ + ♩	▬.	Pausa de Mínima Pontuada	𝄽 + 𝄽 + 𝄽
♩.	Semínima pontuada	♪ + ♪ + ♪	𝄽.	Pausa de Semínima Pontuada	𝄾 + 𝄾 + 𝄾
♪.	Colcheia pontuada	𝅘𝅥𝅯 + 𝅘𝅥𝅯 + 𝅘𝅥𝅯	𝄾.	Pausa de Colcheia Pontuada	𝄿 + 𝄿 + 𝄿

Números que correspondem a cada figura

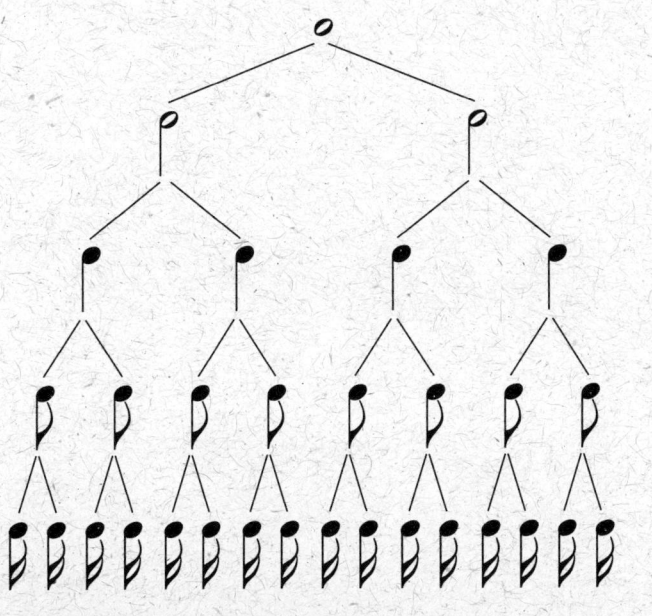
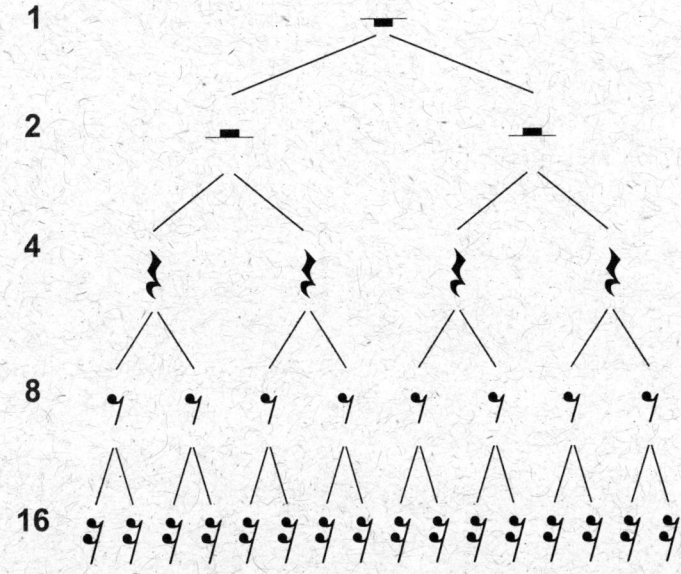

3 Conhecimentos básicos de música

3-3. Os compassos e os rítmos

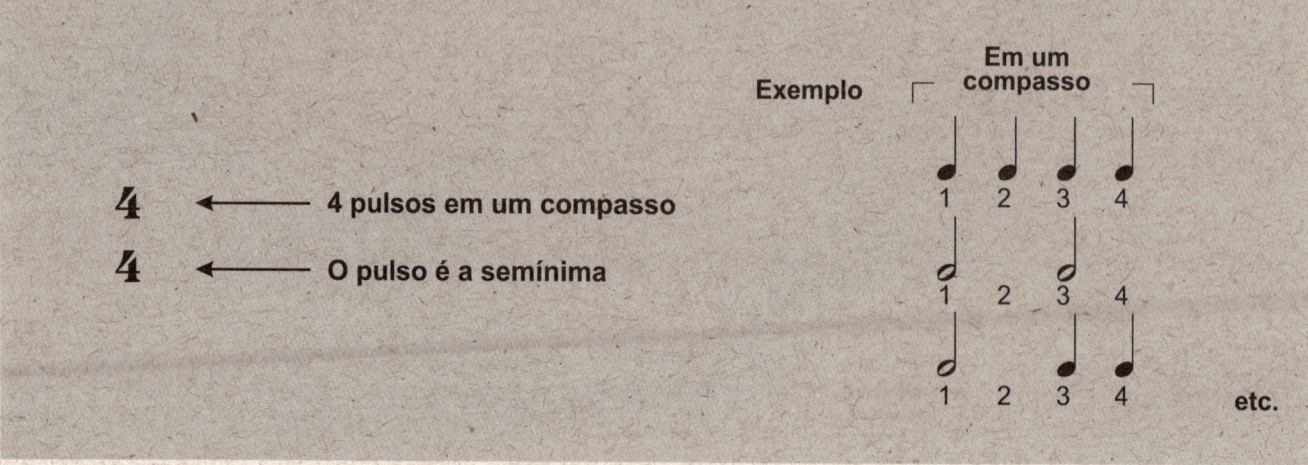

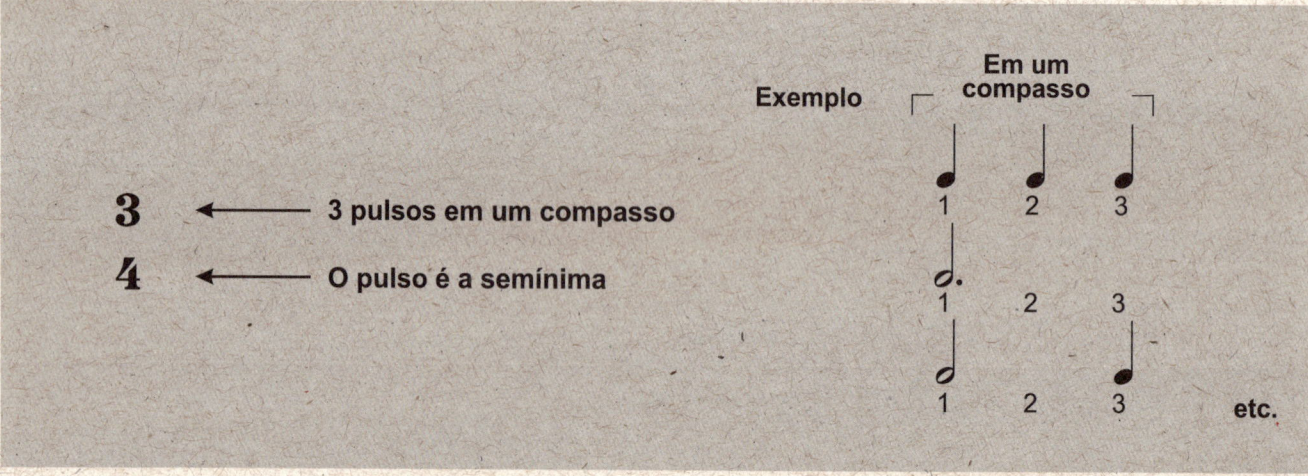

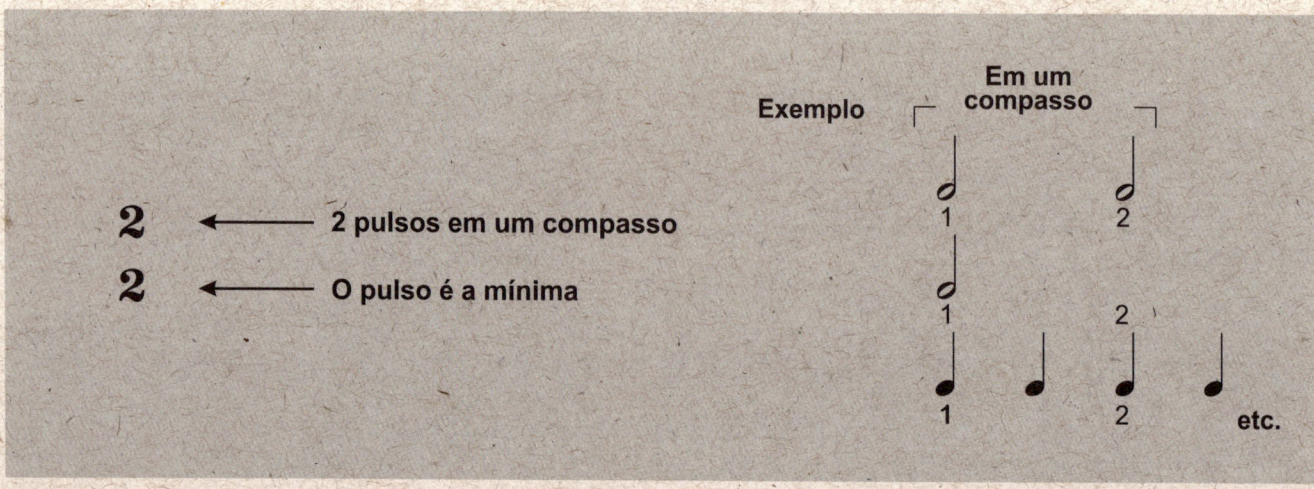

3 Conhecimentos básicos de música

3-3. Símbolos da escrita musical

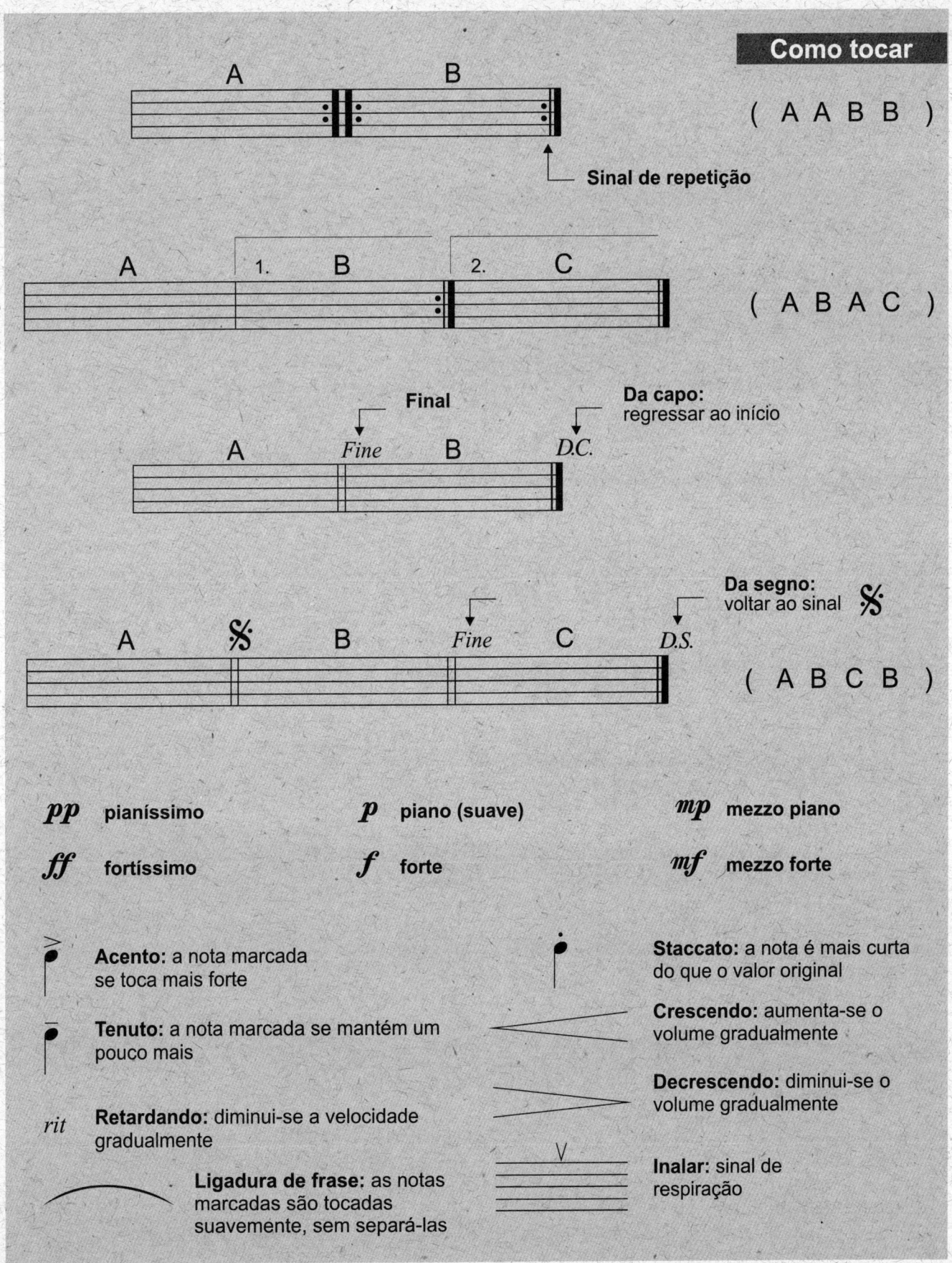

4 Ensino de Flauta Doce 1

O som do Sí

*Não toque a flauta doce imediatamente.
Primeiro, ensine a seus alunos os seguintes pontos e confira se eles entenderam.*

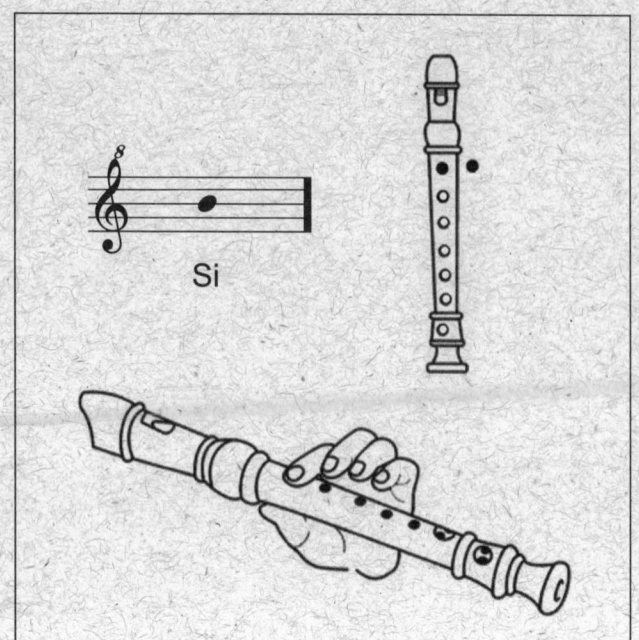

- Ensine as durações dos sons e das pausas. Pratique diferentes ritmos com as palmas.
- Para começar a praticar a articulação da língua, cante os ritmos com "tu, tu, tu" e ao mesmo tempo acompanhe com palmas.
- Ensine a digitação da nota Si na flauta doce.
- Assegure-se de que todos os alunos coloquem a mão esquerda em cima (os alunos canhotos devem entender que para eles o correto é mudar a posição das mãos como fazem os destros).
- Assegure-se de que cubram totalmente o furo do dedo indicador e do polegar com a mão esquerda.
- Cheque a postura e assegure-se de que o polegar direito está colocado corretamente (ver pág. 8).

Agora, vamos tocar!

Faixa 2

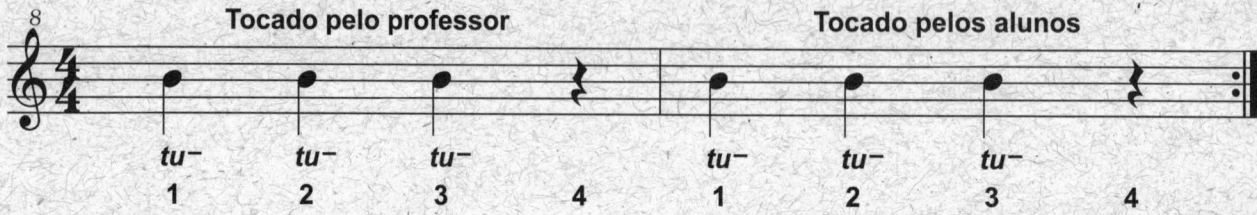

Nesta etapa da aprendizagem, os alunos estarão imitando-o, por isso é muito importante que o professor produza um bom som. Quando tocar não olhe para a partitura e sim para os alunos.

Qual foi o resultado?

- Conseguiram um bom som? Repita esse exercício até que todos os alunos consigam um bom som. Se não conseguirem isto se deve em geral à respiração. Explique que precisam espirar suavemente, como se estivessem fazendo bolinhas de sabão. Algumas vezes os furos não estão tapados corretamente. Assegure-se de que cubram totalmente os furos do indicador e polegar com a mão esquerda.
- Conseguido o bom som, deverão articular a língua. Assegure-se que cantem "tu,tu,tu" e utilizem adequadamente a língua.

Exemplo de como ensinar a articular a língua

1. Faça-os cantar "tu,tu,tu" em voz alta.
2. Agora, digam novamente "tu,tu,tu" em voz alta, mas colocando a palma da mão direita na frente da boca.
3. Posteriormente, soprarão colocando a palma da mão direita só que em voz baixa. Depois soprarão em voz baixa e em voz alta, alternadamente.
   Verifique se os alunos estão articulando corretamente a língua.
4. Por último, dirão "tu,tu,tu" em silêncio. Peça para os alunos respirarem fortemente e mais fraco, alternadamente. Repita esse exercício várias vezes.

Pode ser difícil para as crianças entenderem o que é soprar articulando a língua. Se alguma tiver problema, mostre a técnica pondo a língua pra fora e dizendo "tu,tu,tu", para que ela possa ver como se move a língua.

4 Ensino de Flauta Doce 1

Agora mudaremos o rítmo e o sopro

- Assegure-se de que todos os alunos tenham entendido as técnicas anteriores e saibam utiliza-las corretamente sem dificuldade. Repita os exercícios somente com a nota Si até que os consigam um bom som, uma postura e articulação da língua corretas.

- Recorde constantemente a posição correta das mãos.

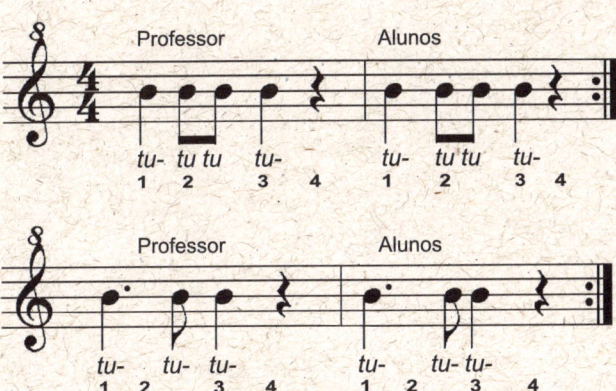

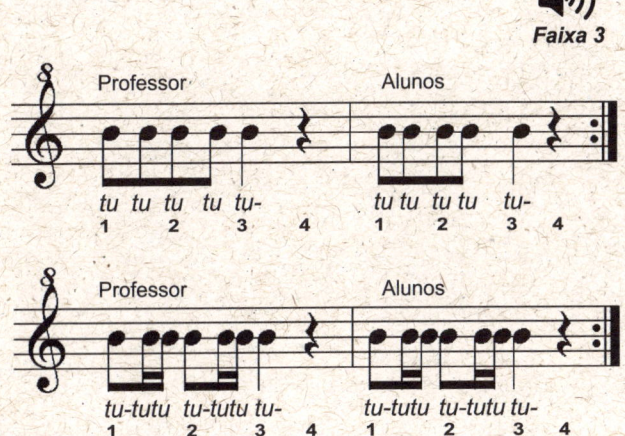

Faixa 3

O som do Lá

- Quando os alunos produzirem um bom som em Si, passe a praticar o som de Lá.
- Cheque se seus alunos fecham direito os furos.
- É mais difícil conseguir um bom som em Lá do que em Si. Faça com que articulem a língua o mais suavemente possível.

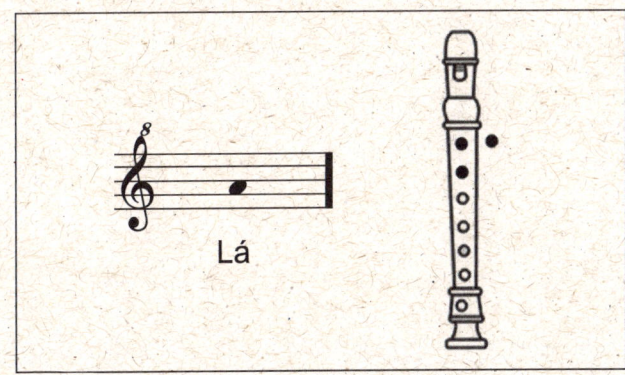

Lá

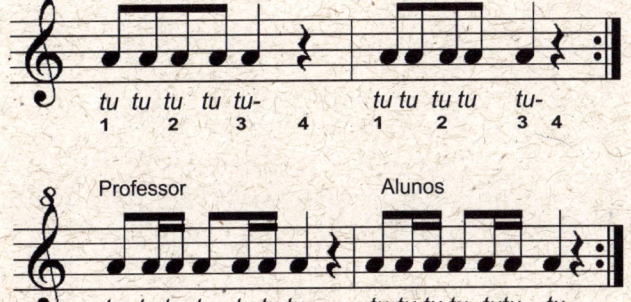

Faixa 4

4 Ensino de Flauta Doce 1

Uma peça com Si e Lá

Antes de tocar a flauta doce
- Não toque a flauta doce imediatamente. Cante o exercício para que os alunos possam fazê-lo de memória.
- Agora pratique o ritmo com palmas.
- Cante a peça em "tu,tu,tu".
- Pegue a flauta e treine a digitação cantando a peça.
- Cheque novamente se a posição das mãos está correta. Não importa que também toquem a peça; seguramente terão dificuldades mais tarde se nesta etapa não conseguem um bom som, não articulam a língua corretamente, tocam com a posição incorreta ou não dominaram ainda os aspectos básicos. Corrija os erros agora. Você pode determinar se seus alunos articulam a língua de forma correta? É frequente eles produzirem um som como se estivessem articulando a língua, mas na realidade estão usando a garganta, produzindo um som "ku,ku,ku". É importante de vez em quando escutar os alunos individualmente.

O som do Sol

Pratique a nota Sol baseando-se no exercício para a nota Lá faça com que seus alunos possam tocar com um bom som.
Pratique com vários ritmos.

Quando conseguirem tocar a nota Sol com um bom som e articulando a língua, pratique a canção "Com meu martelo".

Quando os alunos começarem a ler a música, podem esquecer a digitação, conseguir um bom som, articulação da língua e outros aspectos básicos. É neste ponto que deixam de gostar da flauta doce pela confusão de todos esses novos conhecimentos. No lugar de tocar o exercício imediatamente, incorpore a seguinte seqüência de ensino:
- Primeiro pense em alguma letra do exercício e convide seus alunos a cantar.
- Agora, cante com o nome das notas.

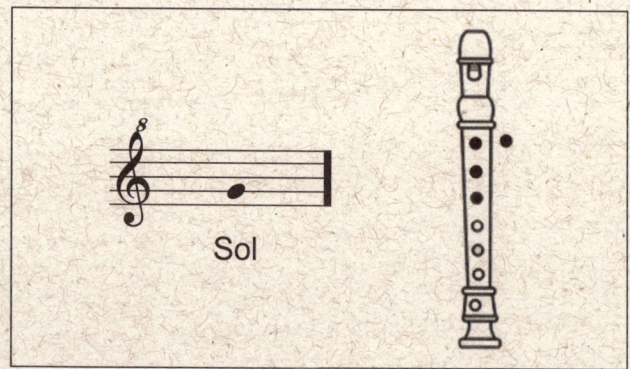

- Depois, cantem com "tu,tu,tu" enquanto segue o ritmo com palmas.
- Cante novamente com o nome das notas enquanto seus alunos praticam a digitação em suas flautas cantando ao mesmo tempo.

Quando fizerem essa seqüência sem problemas, estarão prontos para tocar o exercício em suas flautas doce.

4 Ensino de Flauta Doce 1

🔊 *Faixa 7*

Com meu martelo

Com meu mar - te - lo mar - te - lo mar - te - lo
Com meu ser - ro - te ser - ro - te ser - ro - te

Com meu mar - te - lo mar - te - lo meu.
Com meu ser - ro - te ser - ro - te meu.

Um exercício com as notas Si, Lá e Sol

De agora em diante, antes de tocar qualquer exercício ou peça, siga a seqüência de cantar as notas, praticar a articulação com "tu,tu,tu", o ritmo e a digitação.

🔊 *Faixa 8*
Faixa 9
(Playback)

Clarão da Lua

4 Ensino de Flauta Doce 1

Faixa 10
Faixa 11
(Playback)

Boa tarde, meus meninos

20

4 Ensino de Flauta Doce 1

Faixa 12
Faixa 13
(Playback)

A ovelha de Maria

4 Ensino de Flauta Doce 1

O som do Dó

Seus alunos podem tocar o exercício com as notas Sol, Lá e Si com um bom som e articulação correta?
Se é assim, passaremos para nota Dó.
Primeiro, ensine a digitação da nota Dó.
Pratique a nota Dó baseando-se no exercício da nota Lá. Faça com que seus alunos possam tocar um bom som. Pratique em vários ritmos.
Agora, passaremos a tocar um exercício mais difícil, usando Si e Dó. Para mudar de Si para Dó é necessário soltar um dedo e baixar outro ao mesmo tempo. Isto é mais difícil que os exercícios praticados até agora. Pratique lentamente e com cuidado.

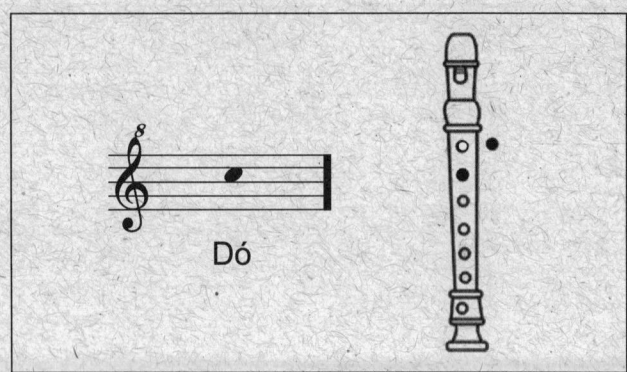

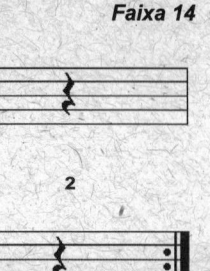
Faixa 14

Exercício combinando as notas Lá e Dó, Sol e Dó

Mover-se entre Lá e Dó é relativamente fácil, mas entre Sol e Dó é muito difícil. Antes de praticar a digitação dessas notas com a flauta doce, oriente-os a praticar só com os dedos, sem a flauta.

4 Ensino de Flauta Doce 1

Exercício utilizando Sol, Lá, Si e Dó

Trate de praticar as quatro peças seguintes devagar e com cuidado. Seja especialmente cuidadoso na digitação do Si para o Dó.

Faixa 15
Faixa 16
(Playback)

Barcarola

4 Ensino de Flauta Doce 1

Faixa 17
Faixa 18
(Playback)

Neve

BEYER

4 Ensino de Flauta Doce 1

4 Ensino de Flauta Doce 1

Faixa 19
Faixa 20
(Playback)

Baile

4 Ensino de Flauta Doce 1

4 Ensino de Flauta Doce 1

Faixa 21
Faixa 22
(Playback)

Baixamos à Baía

28

4 Ensino de Flauta Doce 1

O som do Ré

Enfim passamos para a nota Ré!
Para tocar a nota Ré, só baixamos o dedo médio e soltamos os demais. A flauta doce fica sem apoio, o que pode deixa-la instável. Se seus alunos tocarem demasiadamente forte, o tom ficará muito agudo, e o som perderá sua reverberação.
Novamente lembre aos alunos a importância do controle do sopro e revise os sons.
É importante soprar ligeiramente suave.
Toque o Ré muito forte e muito suave, para que os seus alunos notem a diferença.

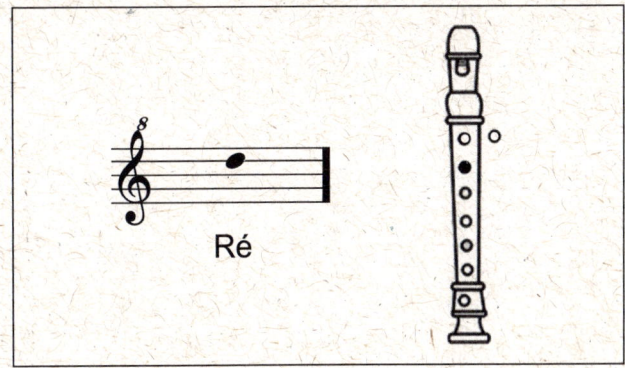

Pratique a digitação.

Faixa 23

Pratique algumas peças com as notas Sol, Lá, Si, Dó e Ré

As cinco notas Sol, Lá, Si, Dó e Ré podem ser tocadas apenas com a mão esquerda.
Existem muitas peças baseadas unicamente nessas cinco notas. Recomendamos praticá-las para que os alunos assimilem perfeitamente as habilidades básicas.

Pontos importantes:
Mão esquerda e mão direita:
Todos os seus alunos têm a mão esquerda em cima? Se algum deles estiver acostumado a tocar com a mão direita em cima, corrija este erro cuidadosamente. Será mais difícil corrigi-los depois.

Bom Som
Seus alunos conseguem um som suave? Muitos insistem em tocar forte a flauta doce. Lembre a eles que devem tocar suavemente para conseguir um bom som.

Articulação da língua
Quando seus alunos tocarem, verifique se utilizam o som "tu,tu,tu", para que articulem as notas com a língua. Escute-os individualmente.

4 Ensino de Flauta Doce 1

Faixa 26
Faixa 27
(Playback)

A ovelha de Maria

Hino à Alegria

BEETHOVEN

4 Ensino de Flauta Doce 1

Faixa 30
Faixa 31
(Playback)

Cuco

4 Ensino de Flauta Doce 1

Faixa 32
Faixa 33
(Playback)

Festa

4 Ensino de Flauta Doce 1

4 Ensino de Flauta Doce 1

Faixa 34
Faixa 35
(Playback)

A marcha dos santos

Ensino de Flauta Doce 1

4 Ensino de Flauta Doce 1

Faixa 36
Faixa 37
(Playback)

Jingle Bell

Ensino de Flauta Doce 1

4 Ensino de Flauta Doce 1

Faixa 38
Faixa 39
(Playback)

Ave-Maria

BURGMÜLLER

Ensino de Flauta Doce 1

4 Ensino de Flauta Doce 1

Faixa 40
Faixa 41
(Playback)

As abelhinhas

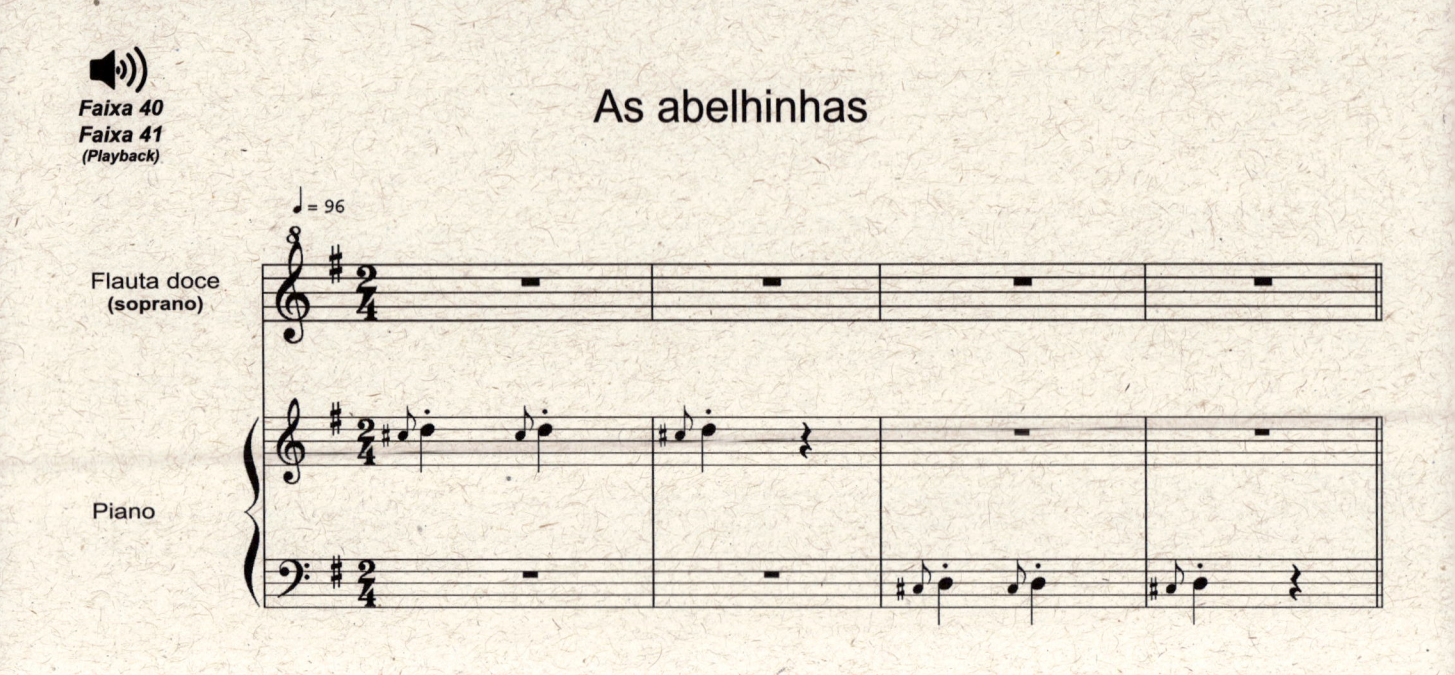

4 Ensino de Flauta Doce 2

O som do Fá

Antes de começar com o som Fá

Ainda que pareçam iguais, há dois tipos de flautas doce soprano com digitações diferentes: estilo barroco (estilo inglês) e o germânico (estilo alemão).

Ambos podem ser diferenciados com uma pequena letra na parte posterior da flauta doce. Se sua flauta tiver "B" ou "E", sua digitação é estilo barroco. Se tem "G" ou "A", é estilo alemão. Se não há nenhuma letra, pode concluir baseando-se no tamanho dos furos como mostra abaixo:

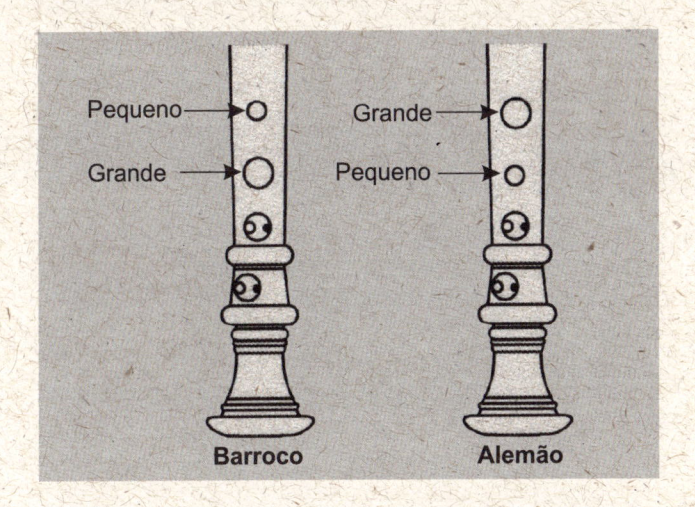

Nota-se a grande diferença entre os furos

Por que a flauta doce soprano utiliza dois tipos de digitação?

O estilo de digitação alemão é utilizado na flauta doce soprano e parece ser mais fácil que o estilo barroco ou inglês para peças escritas em Dó Maior. Não obstante, conforme o executante adquire mais habilidades, se dará conta de que o estilo alemão é limitado para peças mais complexas.

Agora praticaremos o sistema da nota Fá

Primeiro revise que tipo de flauta doce seus alunos possuem e a diferença de digitação entre elas.

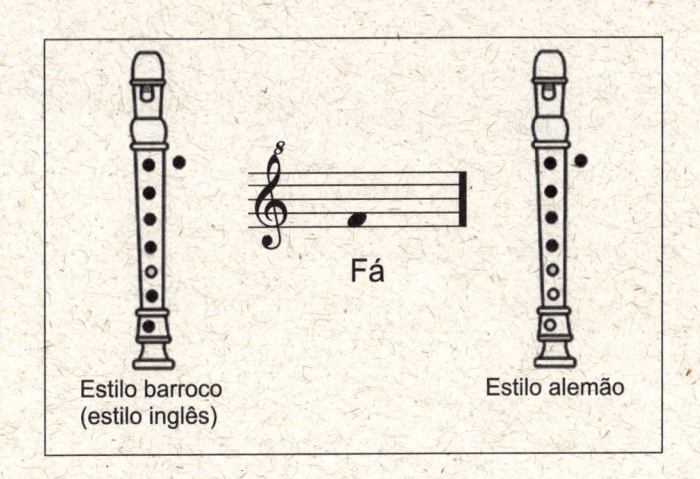

Os alunos deverão praticar devagar e com muita dedicação, pois esta é a digitação mais difícil. Diga-lhes que quando tiverem dominado esta nota, todo o resto será mais fácil.

Quando os alunos conseguirem a digitação do Fá, pratique uma peça com Sol e Fá. Toque lentamente!

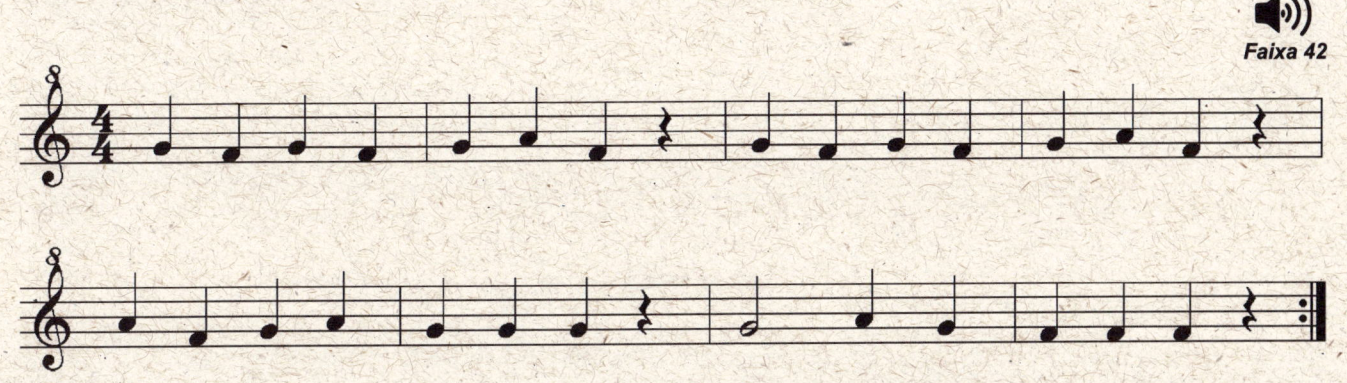

Faixa 42

4 Ensino de Flauta Doce 2

Que resultado obteve? Parece difícil, mas não se considere vencido.
Pratique Lá, Sol e Fá em "A Ovelha de Maria".

🔊
Faixa 43
Faixa 44
(Playback)

A ovelha de Maria

4. Ensino de Flauta Doce 2

O som do Si bemol

As peças que começam com Fá, normalmente se tocam com Si bemol (Fá maior), em vez de Si natural. Depois de aprenderem o Si bemol, os alunos terão acesso a muitas outras peças. Tanto Fá como Si bemol são difíceis de digitar. Recomendamos que pratiquem lentamente.

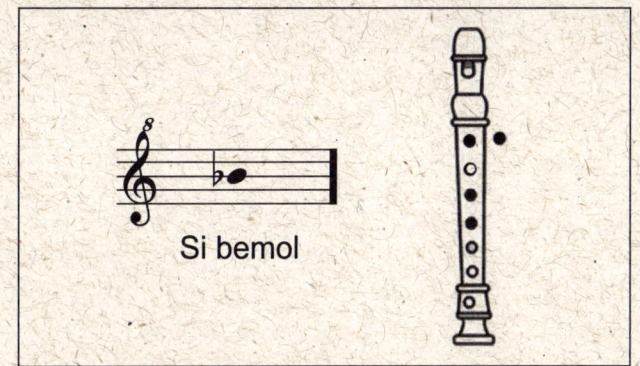

Si bemol

Faixa 45

4 Ensino de Flauta Doce 2

Agora praticaremos peças que incluem Fá e Si bemol.

Faixa 46
Faixa 47
(Playback)

O coro das rãs

4 Ensino de Flauta Doce 2

Faixa 48
Faixa 49
(Playback)

Brilha, brilha estrelinha

Melodia Francesa

4 Ensino de Flauta Doce 2

Faixa 50
Faixa 51
(Playback)

Marcha dos cachorrinhos

4 Ensino de Flauta Doce 2

Os sons de Mi e Ré graves

Quando os alunos acostumarem-se com o Fá, podem começar a trabalhar com Mi e Ré.

Pontos importantes:

- **Os furos devem ser tapados completamente.**

Isto não é fácil para crianças pequenas. Qualquer quantidade de ar que saia por esses furos impedem que se consigam bom som.

- **Sopre suavemente, com menos pressão**

As notas graves soarão forte e com chiado se o aluno soprar com a mesma pressão das anteriores, e quanto mais grave for a nota, mais suavemente deve-se soprar.

- **As notas devem ser articuladas suavemente pela língua**

Se articular a língua como nas notas anteriores, produzirá um som pobre. Até agora utilizamos o "tu, tu, tu" para articular, mas agora deverão usar sons mais graves como "du" ou "do".

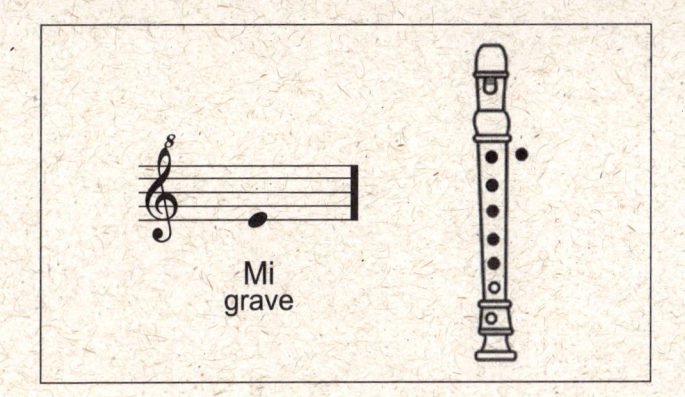

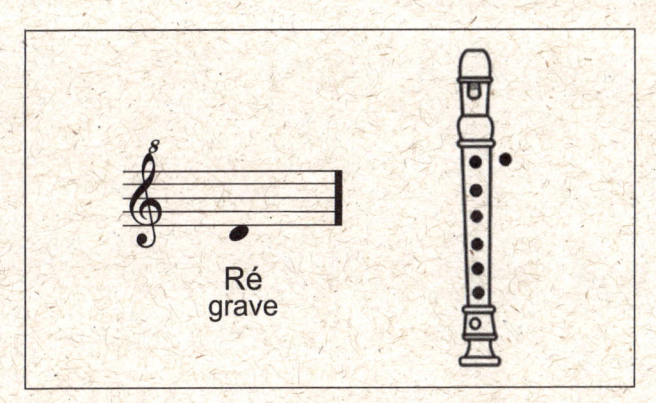

Independente da boa qualidade do instrumento, as notas graves são difíceis de conseguir. Aconselhe seus alunos a praticar com paciência e muito cuidado para obter um bom som.

Agora praticaremos os sons Mi e Ré.

Faixa 52

Nota: Há muitos alunos que esquecem de usar o dedo mínimo da mão direita quando tocam o Fá em uma flauta estilo barroco.

Assegure-se de que façam isso. Pode ser difícil no começo, mas ao praticarem se acostumarão rapidamente. Esta é a parte mais difícil para se tocar uma flauta estilo barroco. Uma vez superada, as demais serão realmente muito fáceis.

Agora, praticaremos "Dança da Neve", começando lentamente.

4 Ensino de Flauta Doce 2

Faixa 53
Faixa 54
(Playback)

Dança da neve

4 Ensino de Flauta Doce 2

4 Ensino de Flauta Doce 2

Há passagens difíceis nesta peça. Lembre-se de que para tocar uma peça nova não é obrigado a começar pelo início. Pode pegar as partes difíceis e treinar separadamente. Depois de aprendê-las, poderá tocar a peça inteira.

Faixa 55

Quais os resultados já obtidos? Conseguiu bons sons de Mi e Ré graves?
Se chegou até aqui, talvez queira tocar o Dó grave também. Esta é a nota mais difícil para as crianças pequenas. Você pode introduzi-las, mas alguns professores preferem praticar mais peças até que os alunos dominem perfeitamente todas as notas vistas até agora.
Passaremos ao Mi agudo.

O som do Mi agudo (digitação do polegar)

Antes de estudar as notas agudas, retomemos a seqüência que temos seguido para ensinar as notas.

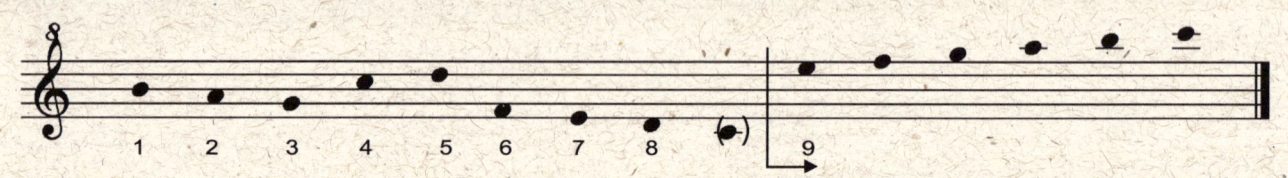

A partir do Mi agudo, o furo do polegar esquerdo deve estar ligeiramente aberto para conseguir as notas. A este movimento do polegar, chamaremos de "articulação do polegar".
Praticaremos esse movimento com o Mi agudo. Já praticamos o Mi grave; vamos tocá-lo na flauta doce. Deixe os dedos onde estiverem colocados e dobre a primeira articulação do polegar para abrir ligeiramente o furo, não abra muito. (Ver pág. 11)

Agora, trate de tocar a nota soprando um pouco mais forte que o normal. Se soprar demasiadamente forte o som será estridente, mas se soprar muito fraco, não produzirá um bom som.
Soprando adequadamente, produzirá um som muito agradável. Pratique até conseguir.
Conseguiu um bom som de Mi agudo?
Se respondeu sim, agora praticaremos o Mi grave e o Mi agudo.

Mi agudo

Faixa 56

4 Ensino de Flauta Doce 2

Seu polegar esquerdo move-se suavemente? Todas as notas acima do Mi agudo requerem uma pequena abertura no furo do polegar.
O tamanho desta abertura afetará o som. Por isso, recomendamos a praticar a articulação do polegar.

Se tiver unha grande, será muito difícil controlar esse movimento. Recomendamos cortá-la.
Agora tocaremos "A ovelha de Maria" para praticar o Mi agudo.

🔊
Faixa 57
Faixa 58
(Playback)

A ovelha de Maria

4 Ensino de Flauta Doce 3

Tocando Juntos - "Conjunto" - revisão

Que resultado tem obtido? Os alunos produzem um bom som?
Repassaremos o que vimos até agora tocando em conjunto.
As peças seguintes são tocadas com todas as notas já estudadas. Não esqueça as habilidades básicas enquanto toca.
- **Postura**
- **Som**
- **Articulação da língua**

Faixa 59
Faixa 60
(Playback)

Frère Jacques

4 Ensino de Flauta Doce 3

Faixa 61
Faixa 62
(Playback)

O agricultor feliz

4 Ensino de Flauta Doce 3

Faixa 63
Faixa 64
(Playback)

Jarrito Marrón

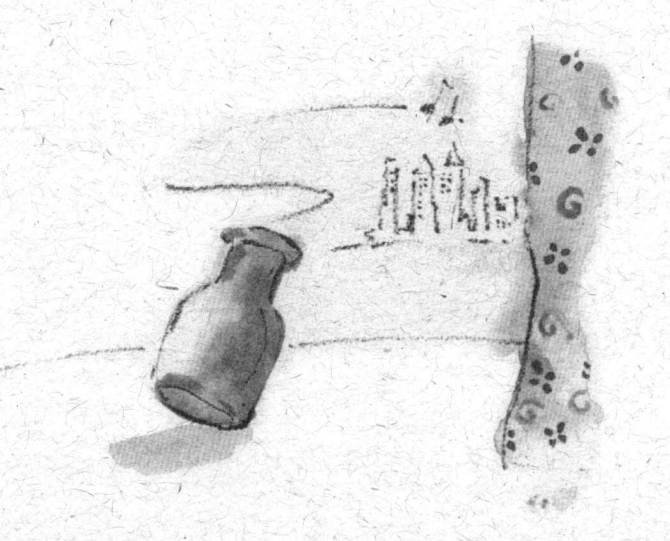

4 Ensino de Flauta Doce 3

4 Ensino de Flauta Doce 3

🔊
Faixa 65
Faixa 66
(Playback)

Faz muito, muito tempo

♩ = 80

Flauta doce (soprano)

Flauta doce (soprano)

Piano

58

4 Ensino de Flauta Doce 3

Faixa 67
Faixa 68 (Playback)

My Bonnie

Tabela de digitação para flauta doce soprano

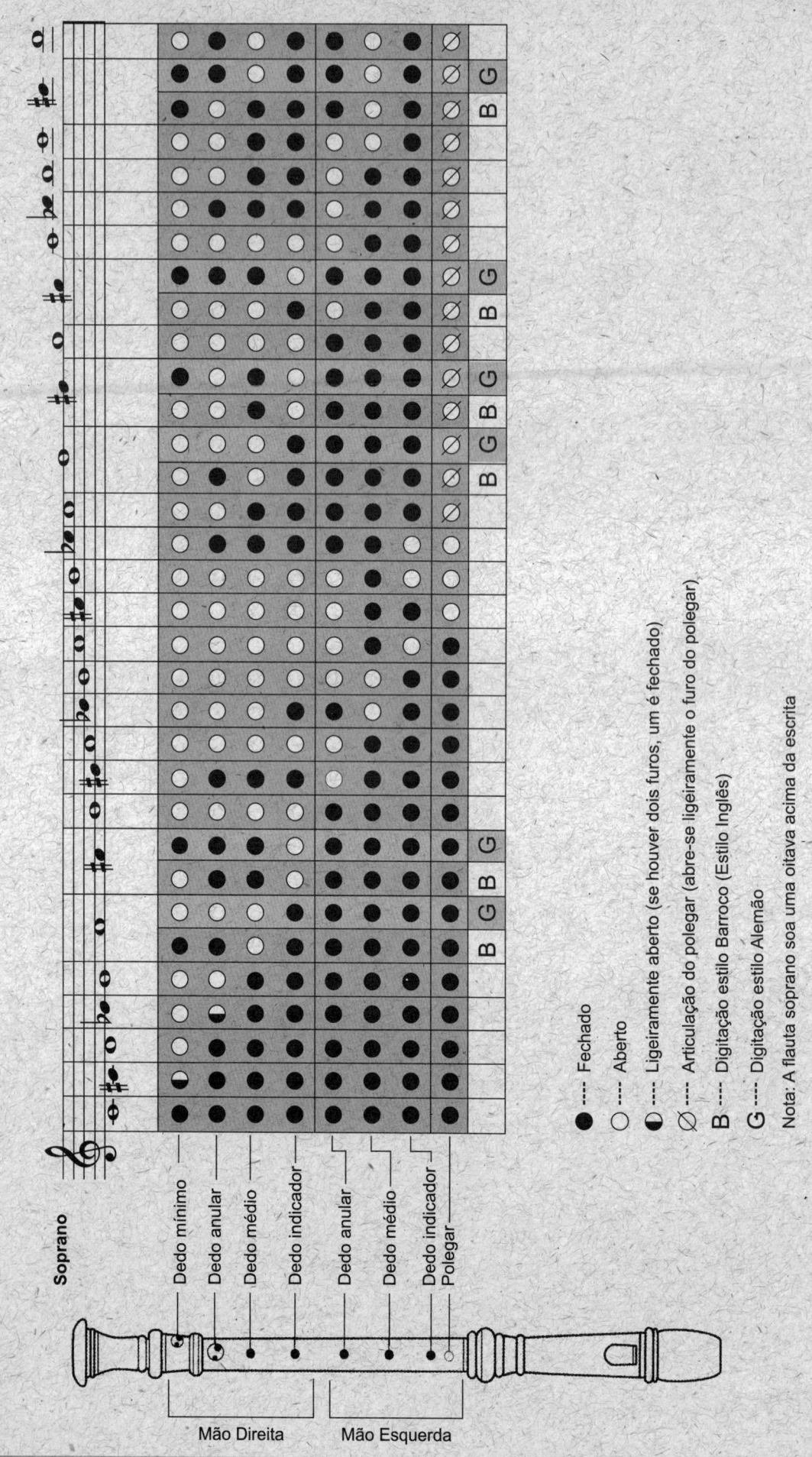

- ● ---- Fechado
- ○ ---- Aberto
- ◐ ---- Ligeiramente aberto (se houver dois furos, um é fechado)
- ∅ ---- Articulação do polegar (abre-se ligeiramente o furo do polegar)
- B ---- Digitação estilo Barroco (Estilo Inglês)
- G ---- Digitação estilo Alemão

Nota: A flauta soprano soa uma oitava acima da escrita

Dicas de instrumentos para acompanhamento da Flauta Doce

Pandeiro	 Agogô	 Caixa
 Reco-Reco	 Violão	 Surdo
 Afoxé	 Teclado	 Triângulo

O Programa Sopro Novo se mantém graças ao apoio incondicional da Yamaha Musical do Brasil.

Agradecemos a todas as pessoas envolvidas, especialmente as professoras regionais, monitoras e principalmente aos Alunos, que são a razão desse trabalho.